Extrait du *Moyen Age* de février.

L'ŒUVRE D'IRNERIUS

D'APRÈS DES RECHERCHES RÉCENTES

PAR

A. ESMEIN

PARIS
LIBRAIRIE ÉMILE BOUILLON, ÉDITEUR
67, RUE DE RICHELIEU, AU PREMIER

1895

(Tous droits réservés)

Extrait du *Moyen Age* de février 1895.

L'ŒUVRE D'IRNERIUS

D'APRÈS DES RECHERCHES RÉCENTES

Pescatore. — **Die Glossen des Irnerius**, 1888.
G. Palmieri : **Appunti e Documenti per la scuola dei glossatori**, I, il « *formularium tabellionum* » *di Irnerio*, Bologne, 1893.
Hermann Fitting : **Summa Codicis des Irnerius** mit einer Einleitung herausgegeben, Berlin, J. Guttentag, 1894, civ-322 p. — **Questiones de juris subtilitatibus Irnerius**, mit einer Einleitung herausgegeben, Berlin, 1894. 92 p.

Lorsque parut, il y a un demi-siècle, la grande œuvre de Savigny, *L'Histoire du droit romain au Moyen Age*, ce fut comme une révélation, et, dans ses grandes lignes, l'édifice est encore debout. Pour chaque question qui rentre dans cet ensemble, il faut encore partir des renseignements qu'a dégagés et accumulés la prodigieuse activité du vieux maître. Cependant les parties principales de ce grand tout ont été reprises de nos jours avec cet amour du détail précis et technique qui est un des signes du temps présent. Le nombre des travailleurs de l'érudition augmentant progressivement, les recherches ont été entreprises simultanément de divers côtés, et des aspects nouveaux ont été découverts. C'est d'abord sur l'enseignement du droit romain depuis la chute de l'Empire d'Occident jusqu'à la fondation de l'École de Bologne que l'effort a porté, et sur ce point MM. Stintzing, H. Fitting et Conrat se sont placés au premier rang. Plus récemment, depuis une dizaine d'années environ, c'est sur les commencements de l'École de Bologne que l'attention s'est concentrée. Une occasion y a aidé, c'est la célébration du huitième centenaire de l'École de Bologne. Dans l'exposition de Savigny, soutenue par une tradition constante, la fondation et le fondateur de cette École, la personne et l'œuvre d'Irnerius étaient restés entourés d'un profond mystère. Il semblait que la science bolonaise fût sortie tout armée de l'effort personnel d'Irnerius, comme Minerve du cerveau du Jupiter, et d'autre part on savait fort peu de chose sur l'œuvre de ce maître. Aujourd'hui, si l'on accepte les résultats des dernières recherches, cette œuvre serait restituée presque en entier, et l'homme même serait remis sur pied, si bien que M. Fitting nous donne sa biographie presque complète. Il est intéressant de résumer ces recherches et de se demander dans quelle mesure ces résultats peuvent être considérés comme acquis à la science.

I

Le point de départ, et en même temps la base la plus solide, se trouve dans le livre qu'a publié en 1888 M. Pescatore, *Die Glossen des Irnerius*. Il est difficile de trouver une étude de meilleur aloi, plus claire et plus ferme, à la fois plus ingénieuse et mieux pondérée. On sent l'homme dont les conclusions ne dépassent jamais ce qu'il a constaté de ses propres yeux, mais qui n'hésite jamais à tirer de ces constatations toutes les conséquences qu'elles comportent, alors même que celles-ci iraient contre les idées reçues. S'aidant surtout de manuscrits du Code de Justinien portant des gloses antérieures à celle d'Accurse, il a pu recueillir un nombre de gloses incontestables d'Irnerius très supérieur à celui que Savigny avait réuni ; elles permettent d'apprécier suffisamment cette partie de l'œuvre du maître et d'en dégager le véritable caractère. M. Pescatore a montré que ces gloses ont une bien autre portée scientifique qu'on ne le croyait jusqu'ici. Elles ne contiennent point seulement de simples explications grammaticales ou juridiques des termes les plus difficiles contenus dans le texte des lois. Elles renferment les éléments les plus riches, de véritables théories juridiques, succinctes, mais substantielles, inscrites sur les manuscrits ou par le maître lui-même et en vue de ses leçons, ou par les disciples désireux de conserver le résumé de son enseignement. Elles se présentent d'ailleurs sous les formes les plus variées : gloses proprement dites, *Continuationes titulorum* ou transitions d'un titre à un autre, dans l'exposition exégétique, citations de textes parallèles, *notabilia* ou règles à retenir et contenues dans le texte expliqué, enfin extraits des Novelles ou *authentiques*, lesquelles, comme l'explique M. Pescatore, furent d'abord de simples gloses. M. Pescatore a montré d'autre part l'influence profonde et persistante des gloses d'Irnerius sur l'enseignement de l'École bolonaise ; un œil habile les distingue et les retrouve dans les œuvres des maîtres postérieurs. Le flot vivifiant émané de la source première se retrouve d'une façon permanente dans le courant élargi qui en est sorti. Il y a là une constatation des plus sûres et des plus précieuses : elle suffirait par elle seule pour assurer à Irnerius le nom de père de la science du droit parvenue jusqu'à nous.

Depuis l'apparition du livre de M. Pescatore d'autres érudits ont retrouvé, ou cru retrouver, des œuvres d'Irnerius d'une tout autre nature : des œuvres de longue haleine, systématiques et savantes, où le génie du maître se montrerait dans tout son jour. M. Fitting en produit jusqu'à quatre : 1º une *Summa Codicis*, qui serait à la fois le prototype de tous les ouvrages du même genre et l'exposition la plus complète de la science d'Irnerius ; — 2º un traité dialogué *de juris subtilitatibus* composé à Rome entre 1076 et 1082, auquel il joint : 3º un fragment étendu *de œquitate;* — 4º une *Summa legis Langobardorum*, qui se trouve avec les deux premiers traités dans un manuscrit de Troyes, le plus ancien qui donne la *Summa Codicis ;* ce dernier ouvrage a été publié à Halle en 1870 par M. Anschütz, sans attribution précise. Ce manuscrit de Troyes contiendrait ainsi, par hypothèse, la suite des écrits d'Irnerius. De son côté M. Palmieri a publié, d'abord dans la *Bibliotheca juridica medii œvi*, dirigée par le professeur Gaudenzi, puis séparément à Bologne, en 1892, un *Formularium tabellionum*, qu'il attribue expressément à Irnerius.

II

Certes, voilà des textes anciens, importants et intéressants. Mais l'attribution qu'on en fait à Irnerius doit-elle être acceptée ? Telle est la première question qui se pose, et elle soulève bien des difficultés. Ces attributions, en effet, sont presque toujours dictées par les considérations suivantes. D'un côté, après avoir établi, par telle ou telle indication qui y est contenue, que le texte remarquable qu'on a en main remonte à la fin du xıe siècle ou au commencement du xııe, on déclare que dans cette période un seul homme apparaît comme capable de composer une œuvre semblable. Mais c'est là une méthode purement divinatoire, dans l'état actuel de nos connaissances. On consolide cependant l'hypothèse, en montrant par des textes anciens, par une tradition certaine, qu'Irnerius avait en effet composé un ouvrage du même genre ou du même nom que celui qu'on étudie. — D'autre part, et ici le procédé devient plus sûr, on relève des ressemblances, allant parfois jusqu'à une identité presque complète, entre les doctrines ou les expressions contenues dans l'ouvrage découvert et celles qui se trouvent dans les gloses d'Irnerius, les seules de ces productions dont l'attribution ne saurait faire aucun doute. Cela paraît démonstratif. En réalité la démonstration perd de sa force par suite d'un fait déjà connu et confirmé par les recherches récentes : c'est le caractère routinier des maîtres anciens de l'École bolonaise ; ils se répètent servilement les uns les autres, et souvent ceux que l'on reproduit de préférence ce sont les plus vieux. Irnerius lui-même répétait peut-être quelque maître antérieur, puisque, M. Fitting l'a bien montré et nous reviendrons plus loin sur ce point, il y avait avant lui un enseignement déjà sérieux et savant, dont il procède. Néanmoins, lorsque les ressemblances entre l'ouvrage découvert et les gloses d'Irnerius seront très nombreuses, très précises, très caractéristiques, il sera difficile de ne pas voir de part et d'autre des productions du même auteur. Ces réserves faites, deux points me paraissent pouvoir être d'abord dégagés :

1º Le *Formularium tabellionum*, publié par M. Palmieri, malgré les ingénieuses considérations de l'éditeur, ne saurait être attribué à Irnerius avec une sûreté suffisante. M. Palmieri se fonde surtout sur les faits suivants. En premier lieu la glose d'Accurse (sur la loi 14 §5, C. *de sac. eccl.* i, 2, vº *petitione*) nous apprend qu'Irnerius avait composé un *Formularium tabellionum* dans lequel il avait introduit une nouvelle formule pour la concession d'emphytéose, commençant par ces mots : *emphyteuticariis petitionibus (annuendo).* Or, la formule commençant ainsi se retrouve dans le formulaire publié par M. Palmieri. Mais la formule Irnérienne se répandit et se maintint dans l'usage, comme le prouve la glose d'Accurse elle-même. M. Palmieri cherche à établir la haute antiquité de l'ouvrage par l'identification des initiales qui sont données en divers passages (p. xxxiii, xxxix, l et suiv.) comme celles d'un empereur et de plusieurs podestats de Bologne. Mais il n'est point du tout certain que ces initiales répondent aux noms de personnages réels et historiques. Elles peuvent très bien être de pure fantaisie. Enfin M. Palmieri établit, avec une grande richesse de documents, la conformité qui existe entre diverses formules contenues dans ce *formularium* et les actes réels passés à Bologne au commencement du xiiᵉ siècle. Mais pour qui connaît le caractère si conservateur et traditionnaliste des formulaires notariaux, qui conservent si longtemps des expressions et des rédactions d'un âge antérieur à celui de leur composition, ce n'est pas un argument décisif, défendant d'attribuer à cet ouvrage une date plus récente, si d'ailleurs il contient des indications précises en ce dernier sens. Or, justement il contient sur les privilèges scolaires (c. 24 b) et sur les statuts de la ville de Bologne (c. 26 b) des données qui nous éloignent forcément de l'époque d'Irnerius, M. Palmieri le reconnaît lui-même ; il est obligé de considérer ces passages comme des additions postérieures. Mais cela se complique d'un autre fait, à savoir que plusieurs formules sont datées des premières années du xiiiᵉ siècle (1204, 1205, 1200, p. xxxiv). Il faut donc, pour maintenir l'hypothèse, voir là encore des intercalations, des remaniements faits au bout d'un siècle. C'est ce que M. Palmieri cherche à démontrer par d'ingénieuses observations. Il invoque en particulier, pour rattacher le formulaire au xiiᵉ siècle, ce fait, qu'au c. 11 b (p. 40) il est parlé d'un *rector* de Bologne (dictus rector ex sua jurisdictione sive auctoritate communis Bononiæ): or, dit-il (p. xxxxviii) « avant l'année 1151, Bologne était gouvernée par des consuls ou des *rectores* ; puis de 1151 à 1190 la magistrature des consuls tomba rapidement en décadence, parce que presque toujours il était nommé, à leur place, un podestat. A partir de 1190, il n'y a plus de consuls, la portion de formulaire visée a donc été rédigée avant cette date et probablement avant 1151. » Mais, sans examiner si le terme *rector* ne pourrait pas s'appliquer au podestat, il est aisé de voir par le commencement de la formule que l'auteur l'a choisi pour désigner non pas le magistrat particulier à telle ou telle cité, mais celui qui exerce la *jurisdictio* dans une cité, quel que soit d'ailleurs son titre local, et qui peut, comme le préteur romain, accorder la *missio in possessionem*. En effet, la formule débute ainsi (p. 39): « Cum Titius XII deberet Sempronio... nec ad earum solutionem veniret, *et a rectore talis civitatis multotiens requisitus.* » C'est avec le même sens générique que le mot est pris dans la suite pour désigner le magistrat Bolonais. Il ne me paraît donc pas possible de reconnaître dans le curieux formulaire publié par M. Palmieri le *Formularium tabellionum* qu'Accurse attribue à Irnerius.

2° Il n'y a pas lieu d'insister beaucoup sur la *Summa legis Langobardorum* qu'a publiée M. Anschütz, et que M. Fitting attribue à Irnerius, sans paraître d'ailleurs tenir beaucoup à cette attribution. Ce n'est pas que les raisons qu'il donne ne soient ingénieuses et même frappantes. Il relève surtout ce fait que, dans le manuscrit de Troyes, la *Summa legis Langobardorum* suit immédiatement la *Summa Codicis*, qu'il tient pour une œuvre d'Irnerius. De plus, il remarque que cette *Summa Codicis* s'arrête au livre IX du Code, entamant à peine la matière du droit criminel avec le titre *ad legem Juliam Majestatis*, par lequel elle se termine. M. Fitting croit trouver la raison de cette interruption, dans cette considération que le droit pénal romain n'était plus en vigueur dans le milieu et à l'époque où écrivait Irnerius. Il était remplacé par le droit pénal lombard, et le vieux maître, lorsqu'il en arriva à la matière du droit criminel, fut naturellement amené à quitter le Code pour la *Lombarda*. Cette hypothèse se renforce même par une glose d'Irnerius, qu'a signalée M. Pescatore, et qui montre qu'Irnerius connaissait la *Lombarda* et qu'il s'y référait même, quand il était question de droit criminel[1]. Mais cette question est au fond secondaire. Fût-il démontré qu'Irnerius est l'auteur de la *Summa legis Lang.*, cela n'aurait pas une grande importance pour l'histoire de l'École de Bologne, moins encore pour l'histoire du droit romain au moyen âge; et pour lui attribuer cette œuvre il faut d'abord établir qu'il est l'auteur de la *Summa Codicis*.

Pour cette dernière, la démonstration de M. Fitting me paraît véritablement probante et presque inattaquable. Non seulement il y a une ressemblance frappante entre certains passages de la *Summa* et les gloses ou authentiques qui appartiennent sûrement à Irnerius; non seulement certaines opinions y sont reproduites qui sont connues pour lui avoir été propres; non seulement un passage de la *Summa Codicis* de Rogerius la vise d'une façon suffisamment précise en l'attribuant à Irnerius par un sigle indiscutable; mais encore et surtout le rôle quelle a joué, dans l'élaboration des *Sommes* postérieures de l'École bolonaise, montre que nous avons là un travail initial et fondamental, le *substratum* sur lequel se déposeront les couches successives qui le recouvriront. Le nom d'Ir-

---

1. Pescatore, *Die Glossen des Irnerius*, p. 59, note 1. Le texte glosé est la loi 10. C. *de feriis*, III, 12: « Provinciarum judices moneantur ut in quæstionibus latronum et maxime Isaurorum nullum quadragesimæ nec venerabilem pascharum diem existiment excipiendum; » et voici la glose d'Irnerius sur le mot *Isaurorum:* « De his talibus forte potest dici quod lombarda loquatur. »

nerius peut seul être rétabli en tête de cette œuvre solide et féconde. Aucun autre, parmi les prédécesseurs de Rogerius, n'est assez grand pour lui convenir. Cela est vrai en particulier de celui d'Ugo, à qui voulait l'attribuer M. d'Ablaing, l'un des critiques qui ont le plus contribué avec M. Fitting à dégager l'histoire de ce livre. Ugo est le plus effacé des quatre docteurs, en même temps qu'il paraît avoir été, selon un célèbre distique, le disciple le plus fidèle et le reflet même d'Irnerius. A la solidité de la touche, nous pouvons sûrement reconnaître qu'ici nous avons affaire au maître et au créateur, non au disciple et au copiste.

C'est surtout, ai-je dit, l'histoire postérieure de la *Summa* publiée par M. Fitting qui est un sûr garant de son origine. Cette histoire, entrevue en partie par M. d'Ablaing, M. Fitting l'a dégagée aussi nettement et complètement que possible, et la voici en quelques mots :

Les Bolonais du XIIIe siècle, d'après le témoignage répété d'Odofredus, considéraient que la *Summa Codicis* la plus ancienne, qui eût paru dans l'École, était celle de Rogerius († après 1162). Elle avait été suivie de celle de Placentin († 1192) et enfin étaient venues celles de Johannes et d'Azo. Mais M. Fitting a montré que la *Summa* qu'il publie est plus ancienne que celle de Rogerius, puisqu'elle a servi de modèle et de matériaux à cette dernière. Rogerius prit pour base de son travail la *Summa* d'Irnerius, dans le but de la remanier, la développer davantage et la farcir de ces citations accumulées que l'École aimait déjà. Mais il ne fit point complètement ce travail. Il remania la première partie jusqu'au titre *de œdiliciis actionibus* (IV, 57); puis à partir de là il reproduisit purement et simplement son modèle, sauf les modifications suivantes : il retoucha les premiers titres du Ve livre, intercala dans le VIIe livre (VII, 31) un titre *de pluribus præscriptionibus*, tiré presque textuellement d'un traité de la prescription qu'il avait composé et que nous possédons par ailleurs; enfin, pour compléter l'ouvrage, il rédigea les titres qui manquaient, comme nous l'avons dit, au livre IX. Vint ensuite Placentin, qui connaissait très bien ce qui, dans la *Summa* dite de Rogerius, appartenait en réalité à ce dernier et ce qui ne lui appartenait pas. Il voulut reprendre le travail laissé inachevé par son prédécesseur, et il refit, dans le même style, toute la seconde partie, commençant d'abord par le milieu (la fin du IVe livre) que Rogerius n'avait pas touchée, puis remaniant également les livres V à IX où Rogerius avait fait certaines retouches et additions. Enfin, pour donner à l'œuvre un caractère d'unité, il reprit également la première partie. Il ne restait plus rien alors de la *Summa* primitive. Recouverte par les retouches et les excroissances qui avaient poussé sur elle, elle avait disparu, et peut-être s'explique par là l'oubli profond, et d'ailleurs extraordinaire, dans lequel elle tomba dans la suite. C'est M. Fitting qui devait l'exhumer après des siècles, et, remise au jour, elle donne pour l'ancienne littérature juridique l'impression que produit, dans l'histoire de l'art, quelque statue, due à un primitif déjà puissant, dont on ne possédait jusque-là que des reproductions ou des imitations, produits d'une époque plus basse, œuvres d'artistes inférieurs. C'est une œuvre de maître, lumineuse, solide et sobre. Elle atteste une connaissance et une maîtrise extraordinaire des sources; le style est souvent, dans une trame serrée, comme une savante mosaïque fournie par les textes du Digeste et du Code. Elle atteste aussi dans ses théories une rare puissance de généralisation et de concentration. On comprend aisément l'influence qu'elle exerça dans l'École; on comprend en même temps comment la science bolonaise eut réellement Irnerius pour source. Je reviendrai plus loin sur un point intéressant traité par M. Fitting, à savoir quels matériaux littéraires Irnerius avait à sa disposition; mais il faut parler d'abord du second ouvrage qu'il attribue à ce maître.

III.

Cet ouvrage, qui se trouve, comme la *Summa*, dans le manuscrit de Troyes, est intitulé *Questiones de juris subtilitatibus*. Il a été composé certainement dans une ville où l'enseignement du droit romain était donné en forme et en chaire, et cette ville est incontestablement Rome. Tout cela est prouvé par le texte lui-même (I, 6, 7, 10, 11, 12; IV, 3-9). Il a été écrit par un homme profondément épris de la science naissante du droit romain, dans lequel il voit le droit nécessairement en vigueur par tous les pays soumis à l'Empire, adversaire acharné des lois personnelles, des *Leges barbarorum*, qui sont se introduites en Italie et auxquelles il refuse toute valeur au nom du droit romain[1]. Cette sortie contre la personnalité des lois cadre encore très bien avec la ville de Rome où Conrad II tranchait encore en 1038, en faveur du droit romain, il est vrai, les difficultés que soulevait ce système[2]. Cela implique donc à Rome, l'existence d'une École de droit, dont l'influence se fait d'ailleurs nettement sentir dans certains documents du XIe siècle, en particulier dans une décrétale du pape Alexandre II de 1063 (c. 2, C. xxxv, qu. 5).

---

1. *Questiones de juris subtilitatibus*, I, 15, 16; IV, 3-9. M. Fitting voit dans les *transalpini reges* dont il est question dans le second passage, et auxquels l'auteur refuse le pouvoir d'abroger le droit romain, les empereurs d'Allemagne. Il me semble, au contraire, que ce sont les rois barbares ou Carolingiens, ceux qui ont introduit les *Leges* et dont il est dit plus haut (I, 15) : « Regno eorum, qualecumque fuerit, extincto statutorum vis, si qua fuit, una cum suis auctoribus jam tunc expiravit. » Ces *transalpini reges* appartiennent à un passé lointain (IV, 4, 9) : « Ipsi Rome dudum jam ceperant imperare... reges quidem transalpini potestatem sumpsere, juris autem notam habere non poterant; *illis enim temporibus non modo studia sed etipsi libri legitime scientie fere perierant.* »

2. *Conradi II rescriptum de lege romana... judicibus romanis* (Pertz, *Leges* II, p. 40) : « Audita controversia quæ hactenus inter vos et Langobardos judices versabatur nullo que termino quiescebat, sancimus ut quæcumque admodum negotia mota fuerint, tam inter romanæ urbis mœnia quam de foris in romanis pertinentiis, actore Langobardo vel reo, a vobis dumtaxat romanis legibus terminentur, nullo que tempore reviviscant. »

D'autre part, une tradition très nette, rapportée par Accurse et par Odofredus, fait coïncider la fin et la destruction de l'École de Rome avec la fondation de l'École de Bologne, ou plutôt place le premier fait avant le second, puisque, d'après la même tradition, l'enseignement du droit romain aurait été, d'abord transporté de Rome à Ravenne. M. Fitting, en utilisant certaines données du texte d'Odofredus, place l'extinction de l'École de Rome en 1083 (p. 37). Les *Questiones*, produit de cette école, ont donc été composées avant cette dernière date. Elles sont un des premiers fruits de la pleine renaissance juridique. Elles se présentent extérieurement sous une forme qui est plus accommodée à la rhétorique qu'à la jurisprudence.

L'auteur nous conduit en effet au temple de la Justice, bâti sur une cime. Il est situé au milieu d'un beau parc entouré de murs. Les murs du temple lui-même sont en verre transparent, et portent écrit en lettres d'or le texte entier des *libri legales* « que, dit l'auteur, je lisais avidement et contemplais avec une attention profonde ». Au dedans siège la Justice, ayant posée sur son chef la Raison, aux yeux brillants comme des étoiles, et à côté d'elle ses six filles : la Religion, la Piété, la Grâce, la Vengeance, l'Observance et la Vérité; elle tient dans ses bras l'Équité. Autour des murs se presse une grande foule. Au milieu d'elle, sur un siège quelque peu élevé, vient s'asseoir un homme à l'air grave, autour duquel prennent place un nombre respectable d'auditeurs. C'est un professeur de droit « *præceptor atque juris interpres* » et ses élèves. A l'heure de la leçon, et au milieu du silence général, l'un d'eux se lève et demande au maître de vouloir bien résoudre les questions difficiles, les antinomies apparentes que contiennent les lois romaines. Le traité se présente ainsi comme un dialogue entre l'*auditor*, qui pose les questions et exprime les doutes, et l'*interpres* qui résout les difficultés. Ces questions sont divisées par titres. Le premier, qui n'a pas de rubrique, parle du droit en général; les rubriques du second et du cinquième sont empruntées aux Institutes ou au Digeste; celles des titres trois et quatre, et de tous les titres à partir du sixième, sont prises au Code de Justinien dont, sauf une intercalation (tit. xxiv), elles suivent l'ordre jusqu'à la fin du livre IV. Arrivé là (tit. xxviii, p. 84), l'*auditor* se déclare satisfait quant à cette première partie du droit « que crebriores generat questiones ». Il demande à l'*interpres* pour les titres suivants une exposition d'une autre sorte, plus brève et concentrée « ut generatim comprehendas aliqua memorie, quæ in multitudine minus tenax est, habilia ». L'*Interpres* expose alors successivement ce qui concerne la *causa actionis*, les *diversitates actionum*, les différences entre l'action réelle et personnelle, la combinaison des actions *ex maleficio* et des actions *ex contractu*. Enfin, à la demande de l'*auditor*, qui intervient toujours pour amener un nouveau sujet ou déclarer que le précédent est suffisamment exposé, il aborde la matière des preuves (p. 87); mais à peine est-elle entamée que le traité s'arrête court (p. 88), sur une phrase qui commence une exposition : « Res apud judicem quæri potest, cum non est quod tollat questionem ut auctoritas rei judicate. Hec res aut facti est aut juris aut his cohæret. » Dans l'exposition toutes les parties du *Corpus juris* sont utilisées, spécialement les Pandectes dans leur intégrité.

Voilà le second ouvrage que M. Fitting attribue à Irnerius, en y joignant un fragment *de æquitate*, de même nature et apparenté. Il y est amené par les ressemblances, qu'il relève entre les *Questiones* d'une part et d'autre part la *Summa Codicis*, les gloses et les authentiques d'Irnerius. Il relève encore (p. 28), dans un titre de 1262 contenant une donation de livres et publié par Sarti et par Savigny, la mention des « *Questiones singulares* D. Azonis, D. Pilei et *D. Warnerii* ». Irnerius avait donc composé des *Questiones* et ce ne peuvent être que les nôtres. Enfin M. Fitting invoque un passage de la *Summa* de Rogerius, où une opinion notable, qui se trouve dans les *Questiones*, est explicitement attribuée à *Gar.*; c'est là l'un des sigles connus pour désigner Irnerius.

M. Fitting concilie de la façon suivante cette attribution avec les faits plus haut relevés. Irnerius, sollicité par la comtesse Mathilde de se livrer à l'enseignement du droit en 1076 au plus tôt, se serait rendu à l'École de Rome où il aurait étudié, puis enseigné lui-même, et c'est là qu'il aurait écrit, avant 1083, les *Questiones de juris subtilitatibus*. C'est après cette date qu'il aurait reporté à Bologne l'enseignement du droit romain.

M. Fitting, arrivé à ce résultat, le prend pour point de départ de nouvelles hypothèses. Il cherche en premier lieu à expliquer la forme même du nom d'Irnerius. D'après des philologues autorisés (p. 35) les formes prouvées du nom réel, *Wernerius, Guarnerius*, ne pourraient point donner la forme *Irnerius*, et la forme *Wirnerius*, qui pourrait y conduire, n'est point suffisamment établie. M. Fitting fait alors cette hypothèse. L'autorité d'Irnerius et son renom auraient été fondés tout d'abord sur les *Questiones de juris subtilitatibus*, où c'est lui qu'on voyait en réalité jouer le premier rôle, celui de l'*interpres*. Ce dernier étant désigné dans les manuscrits par la première lettre du mot, I, on prit cette lettre pour le sigle habituel qui désigna le maître lui-même (*i* ou *y*); enfin cette habitude fit qu'on y accommoda même son nom réel, qu'on transforma en Irnerius. M. Fitting, d'autre part, croit voir dans les *questiones* l'annonce même de la *Summa Codicis* d'Irnerius, qu'il aurait déjà projetée. Ce serait cette exposition brève, que demande l'*auditor* pour les titres non élucidés par les premières controverses.

Voilà bien de l'ingéniosité dépensée et de séduisantes hypothèses. Je ne puis les accepter cependant et crois que les *Questiones de juris subtilitatibus* ne sont pas d'Irnerius. Je n'insisterai pas sur la supposition tout arbitraire à laquelle est obligé M. Fitting pour amener celui-ci à l'École de Rome et l'y faire enseigner. Mais je produirai un certain nombre de considérations empruntées à l'exposé même de M. Fitting et qui me paraissent presque décisives :

1° M. Fitting ne relève point pour les *Questiones*, comme il l'a fait pour la *Summa*, des ressemblances nombreuses et presque littérales avec les gloses et authentiques d'Irnerius. Entre ces deux ouvrages il ne signale aucun doublet tout à fait précis, si ce n'est l'explication du mot *condictio triticaria = tritricaria sive quasi trituratoria* (qu. xxiv, 17, Summa, iv, 9, § 9). Mais c'est là une de ces étymologies fantaisistes propres aux anciens grammairiens, et qui pouvait très bien être courante alors dans les Écoles.

2° Le style des *Questiones* est très différent de celui de la *Summa*, M. Fitting le reconnaît lui-même. L'un, en effet, est fleuri et tout imprégné de rhétorique; l'autre sobre, précis et presque sec, tout substantiel et juridique. M. Fitting explique cette différence par la forme d'exposition bien différente de part et d'autre: de plus les *Questiones* sont un livre composé pour le public; la *Summa* a peut-être été dictée par Irnerius à ses élèves. On pourrait ajouter qu'Irnerius a commencé par enseigner les *artes liberales*, et que son premier ouvrage juridique a dû se ressentir encore de son enseignement antérieur. Mais la divergence me paraît trop profonde pour pouvoir être ainsi expliquée. Si « le style c'est l'homme », nous avons là deux hommes devant nous.

3° Le mode de citation des textes juridiques se ressemble en ce qu'on ne trouve ni d'un côté ni de l'autre celui qui sera adopté par l'École de Bologne: mais la désignation si caractéristique du Digeste, comme *Responsa prudentium* ou *Responsa*, que M. Fitting a relevée avec tant de soin dans la *Summa Codicis* (*Einl.*, § 18), ne se retrouve pas dans les *Questiones* (*Einl.*, § 6, p. 17).

4° Si la *Summa legis Langobardorum* est une œuvre d'Irnerius, comme le croit M. Fitting, il est difficile d'admettre que les *Questiones* soient du même auteur. Là, en effet, et comme je l'ai dit plus haut, est exprimé le plus grand mépris pour les *Leges barbarorum*.

5° Enfin l'argument direct qu'invoque M. Fitting, pour attribuer à Irnerius les *Questiones* aussi bien que la *Summa*, éveille en moi bien des doutes. C'est un passage de la *Summa* de *Rogerius* où sont formulées deux explications distinctes de la nullité simplement relative que peuvent produire certaines lois prohibitives [1]. L'une de ces explications est donnée comme étant celle de *y*; c'est là le sigle le plus certain d'Irnerius, et l'explication visée se retrouve dans la *Summa Codicis* (i, 14 § 7), et dans une glose qui porte également le sigle *y*. L'autre explication est présentée comme étant celle de *gar.*, et elle se retrouve dans les *Questiones de juris subtilitate* (iii, 5, 6). Or, dit M. Fitting, l'abréviation *Gar.* ne peut se lire autrement que Garnerius. C'est là une des formes certaines du nom d'Irnerius, et le sigle *gar.* [2], est l'un de ceux qui le désignent. Les deux ouvrages sont donc de lui.

---

1. *Questiones*, Einl., § 12, p. 30. Voici ce texte: « Ita solvitur. Aliud esse contra legem aliud contra formam legis. Sed alienatio prædii minoris non est contra legem sed contra formam legis. Senatus enim dat certam formam quomodo possit alienari, contra quam si fiat, valet quod sequitur ob id, et hoc secundum *gar*. Vel aliter potestis determinare. Regula que dicit « quod factum est contra legem, etc. », loquitur de his que habent perpetuam causam prohibitionis. Sed alienatio predii minoris non habet perpetuam sed temporalem. Et hoc secundum *y*. »

2. Pescatore, *Die Glossen des Irnerius*, p. 40.

Cependant, et voilà le point critique, Rogerius manifestement attribue ces deux explications à deux auteurs différents. Il faut donc supposer qu'il ne connaissait pas la portée de ces deux sigles et leur signification. Cela est bien difficile à admettre, et M. Fitting ne rend pas la chose beaucoup plus facile en supposant que Rogerius, qui vécut principalement dans le Midi de la France, n'était pas au courant des habitudes Bolonaises.

Je formerais plutôt une autre hypothèse, quelque téméraire qu'elle puisse paraître. Invoquant le témoignage même de Rogerius, naturellement interprété, je croirais que le sigle *gar.*, qui figure dans ce passage, nous cache le vrai nom de l'auteur des *Questiones* et ne désigne pas Irnerius. C'est M. Fitting lui-même qui ouvre cette voie. En effet, avec une critique très fine et très sûre, il a montré que d'autres gloses désignées par le sigle G et traditionnellement attribuées à Irnerius[1] ne peuvent pas être de lui. Sa démonstration (p. 45, 46) repose principalement sur ce fait, que dans des gloses manuscrites, l'opinion attribuée à G se trouve rappelée à côté ou en opposition de celle attribuée à Y(rnerius). Pourquoi n'en serait-il pas de même du sigle *gar.*[2] ? M. Fitting attribue les gloses G à un Geminianus assez problématique : il faudrait les attribuer, comme les gloses *gar.*, à l'auteur des *Questiones de juris subtilitatibus*, dont on retrouvera peut-être quelque jour le nom et la personne.

IV

Que la *Summa Codicis* et les *Questiones* soient ou non d'Irnerius, ce sont dans tous les cas deux produits remarquables de la renaissance médiévale du droit romain, dont l'un appartient à une ancienne école de Rome. Il ressort de ces publications et des recherches critiques qui les accompagnent que les maîtres, qui les ont composés, avaient, comme préparation et comme soutien, un enseignement et une tradition antérieurs. M. Fitting a recherché si l'on ne peut pas trouver dans ces œuvres mêmes les traces de certains écrits directement utilisés. Il croit d'abord, ce qui serait bien remarquable, que l'auteur de la *Summa* et celui des *Questiones* avaient à leur disposition les Institutes de Gaius dans le texte original (*Summa*, Einl. p. LXVI, suiv.; *Qu.* p. 14, suiv.). Mais j'avoue

---

1. M. Pescatore disait déjà. *loc. cit.*, p. 41 : « Le sigle normal des gloses d'Irnerius, ainsi que le dit Savigny, apparait comme le sigle y. Alors que d'après mon calcul dans le ms. Mon., 22 le sigle G se trouve peut-être 15 fois, au plus 20 fois, j'estime à plus de mille le nombre des gloses désignées par *y*. »

2. M. Pescatore, p. 40 présente le sigle *gar* comme une simple modification du sigle G : « Parfois, à la place du simple G, le nom d'Irnerius est indiqué sous une forme plus complète : *guar*, guar, gar. Le ms. Berol : 408 (fol. 50a, 54a, 65b, 88b, 128a) donne une forme particulière qui à ma connaissance n'a été signalée par personne : *gir*, GI*r*, GIR GIR abrégés » cf. *ibid.*, p. 31, où l'auteur donne une glose commençant par le nom d'Irnerius (*y*) et se référant à l'opinion de *guar*.

que les rapprochements faits par M. Fitting ne me semblent pas suffisamment démonstratifs. Ce qui est dit de *l'interdictum de vi* (*Summa*, VII, 4 § 3 = Gaius IV, 117a), de l'*intentio*, de la *condemnatio* et de la *litis œstimatio* (*Summa*, IV, 2 § 8, *Qu.* XXIV, 3, 17); quelque surprenants que soient ces passages par leur netteté apparente, peut avoir été directement tiré des textes du Digeste (L. 14 D. *de vi*, XLIII, 16; l. 9 § 6 D. *ad exh.* x, 4; l. 66 D. *de jud.* v, 1; l. 1 pr. l. 3 D. *de cond. tril.* XIII, 1.)[1]. Enfin le dernier rapprochement (Qu. XXI, 2 = Gaius III, 31) bien qu'il contienne en partie une concordance presque littérale, ne prouve guère davantage. En effet, la doctrine des légistes postérieurs, comme jadis Gaius, connaissait très bien et distinguait nettement deux classes d'écrits, les uns créateurs d'obligations, les autres simplement destinés à faire preuve; elle rattachait cette distribution à la théorie de l'aveu (voyez en particulier la glose, sur la l. 13 *C. de non num.*, IV. 30, le texte même visé dans le passage des *Questiones*). M. Fitting lui-même a su résister à un autre rapprochement également bien tentant[2].

M. Fitting a aussi comparé les traités qu'il publie avec deux ouvrages, qui tiennent une place importante dans l'histoire de la renaissance de l'enseignement du droit romain: Les *Petri exceptiones legum romanarum* et le *Brachylogus juris civilis*. Il relève entre les *Petri exceptiones* d'une part et la *Summa Codicis* et les *Questiones* d'autre part, des concordances qui sont trop nombreuses et trop frappantes pour ne pas être démonstratives (Petr. prolog. = *Qu.* prol. § 5; Petr. IV, 7 = *Summa*, III, 1 § 10-12, et II, 5 § 4; Petr. IV. 41 = *Summa*, IV, 1 § 1 in fine; Petr. II. 31 = *Summa*, VI, 10, § 8). L'un des auteurs a copié l'autre, à moins qu'ils n'aient puisé l'un et l'autre à une source commune et préexistante. M. Fitting se prononce pour l'antériorité du *Petrus* parce qu'il considère comme démontrée l'utilisation de ce recueil (ou l'un de ses éléments constitutifs) dans les *Usatici Barchinonœ* rédigés en 1070.

Plus nombreux encore et tout aussi précis sont les points de contact entre la *Summa Codicis* et le *Brachylogus* (*Summa*, Einl., p. LXXXIII, suiv.). M. Fitting les a soigneusement relevés[3] et il estime que le *Bra-*

---

1. Il suffit pour s'en convaincre de se reporter à quelqu'un des dictionnaires de droit composés du XVI° au XVIII° siècle. On y trouvera sur plusieurs points des données qui paraissent aussi voisines de Gaius que celles relevées dans la *Summa* ou dans les *Questiones*. Voyez par exemple, *Lexicon juridicum*, hoc est juris civilis et canonici in schola atque foro usitatarum vocum penus... Genovæ, 1615, V^{is} *intentio, æstimare*.

2. *Summa*, p. LXVIII, note *b*.

3. Sur un seul point je me permettrai de faire une légère rectification. M. Fitting écrit p. LXXXIV, « Brach. IV, 17 (16), § 1, lässt zum Beweise nur öffentliche Urkunden zu. Ebenso von einer Ausnahme abgesehen auch Summ., IV, 9, § 8; IV, 21, § 2. » La *Summa* ne restreint pas la preuve écrite aux *instrumenta publica*. Les seuls écrits qu'elle exclut, conformément à des textes du Code, sont les *instrumenta domestica*, les indications qui se trouveraient dans les papiers *du créancier* et écrites de sa main. Le *Brachylogus* reproduit ici, d'une façon écourtée, le droit des Novelles qui a restreint, en effet, considérablement l'emploi des titres privés ou *chirographa*.

chylogus est, sur ces points, la copie de la *Summa*. Cela résulterait en particulier de ce que, pour les définitions correspondantes, le *Brachylogus* est plus concis et plus précis, ce qui indique un progrès accompli, et que, d'autre part, certaines incorrections du *Brachylogus* s'expliqueraient aisément par l'utilisation trop rapide et irréfléchie de la *Summa*. Cela concorde avec l'opinion aujourd'hui dominante qui voit dans le *Brachylogus* un écrit du xiie siècle.

Peut-être pourrait-on proposer une autre hypothèse. Dans leurs parties communes et semblables le *Petrus*, la *Summa Codicis* et les *Questiones* et enfin le *Brachylogus* procéderaient tous et directement d'une même source, plus ancienne qu'aucun d'entre eux, celle qui a fourni aux *Usatici Barchinonœ* les passages qui se retrouvent dans le *Petrus* (ou dans ses éléments constitutifs), et d'autres passages encore comme je l'ai montré précédemment[1]. Ce qui tendrait à le faire croire c'est que M. Fitting a rendu très vraisemblable l'existence d'un recueil d'adages tirés du Droit romain et très répandus, qu'il attribue encore à Geminianus et qui paraît avoir été utilisé par l'auteur des *Questiones* et dans le premier appendice du *Petrus* (Qu., Einl., p. 21, suiv.). Je ferai remarquer que ce recueil semble avoir contenu cette règle absolue, dépassant la portée des textes du Digeste : *Omnimodo pacta esse servanda* (p. 21). Or, c'est en s'appuyant sur un axiome identique, que nos auteurs français du xiiie siècle ont cherché à introduire le principe que le consentement suffit à obliger[2]. Je laisse de côté quelques autres œuvres juridiques du moyen âge, dont M. Fitting cherche encore la trace dans ses recueils et je termine par une dernière observation.

Ces vieux maîtres, bolonais primitifs ou prébolonais, qui restauraient ainsi la science du droit romain, préparaient en réalité la transformation d'un monde. Les principes qu'ils dégageaient et remettaient en lumière devaient, en Occident, changer radicalement le droit du moyen âge. On ne peut pas dire qu'ils étaient absolument inconscients de leur mission civilisatrice. La manière dont l'auteur des *Questiones* exalte la supériorité rationnelle et scientifique du droit romain, la volonté qu'il exprime d'en étendre l'autorité aussi loin que s'étend l'Empire lui-même, montre que, dès ses débuts, l'École italienne a eu d'assez hautes visées. Cependant les auteurs des livres que j'ai examinés se présentent surtout comme de bons et sincères ouvriers, soucieux, avant tout de leur tâche technique et étroitement juridique. C'est le propre de la science de procéder ainsi. Uniquement en dégageant, d'une façon abstraite et désintéressée, les règles ou les lois qui leur paraissent traduire la vérité, et sans viser aucun autre but supérieur, les humbles travailleurs de l'idée ont plus d'une fois transformé la société politique. Cela est arrivé aux

---

1. *Usatici*, art. 139, 140, tout à fait du même ton que les passages empruntés au *Petrus*; voyez *Nouvelle Revue historique de Droit français et étranger*, t. XIV, 1890, p. 661, note 2.

2. Voyez mes *Études sur les Contrats dans le très ancien Droit français*, p. 38.

légistes du moyen âge ; ce fut encore le cas des écrivains qui du XVIe au XVIIIe siècle se sont évertués à des recherches abstraites sur le droit de la nature et le droit des gens, et qui se trouvèrent avoir préparé pour la plus grande partie le droit constitutionnel moderne et le droit international public. De nos jours enfin les philologues et les historiens, sans entrer sur le terrain de la politique, en poursuivant seulement des recherches techniques et désintéressées sur l'histoire et la linguistique, ont dégagé le principe des nationalités, qui a changé la face de l'Europe.

A. ESMEIN.

www.ingramcontent.com/pod-product-compliance
Lightning Source LLC
LaVergne TN
LVHW022001060526
838201LV00048B/1659